Der ergebene Freund

Oscar Wilde

Der ergebene Freund

illustriert von
Yann Wehrling

ELATUS VERLAG

© 1997 ELATUS VERLAG GmbH, Kaltenkirchen
Alle Rechte vorbehalten

Übersetzung aus dem Englischen von Heidrun Redecke

Satz und Litho: Lichtsatz Wandsbek GmbH, Hamburg
Druck und Bindung: Proost N.V., Turnhout
Printed in Belgium

ISBN 3-931985-11-3

Eine englischsprachige Ausgabe dieses Buches ist erschienen unter
dem Titel

The Devoted Friend
ISBN 3-931985-32-6

$\mathcal{E}$ines Morgens steckte der alte Wasserrattus seinen Kopf aus seiner Höhle. Er hatte glänzende Perlenaugen, steife graue Barthaare und sein Schwanz war wie ein langes schwarzes Stück Gummi. Auf dem Teich schwammen die kleinen Enten, die ausschauten wie viele gelbe Kanarienvögel, mit ihrer Mutter, die ein schneeweißes Gefieder und watschelige rote Beine hatte. Sie zeigte ihnen, wie man auf dem Kopf im Wasser stehen könne.

„Ihr werdet nie in besserer Gesellschaft sein, wenn ihr nicht auf dem Kopf stehen könnt!", schimpfte sie, und dann und wann zeigte sie ihnen, wie man es richtig macht. Aber die kleinen Enten beachteten sie wenig. Sie waren noch zu jung, als dass sie die Vorteile erkannten, in welcher Gesellschaft man sich befinde.

„Was für ungehorsame Kinder!", rief der alte Wasserrattus, „sie sollten ertränkt werden!"

„Nichts der Art", antwortete die Ente, „jeder muss einen Anfang machen und Eltern sollten stets geduldig sein."

„Ah, ich verstehe nichts von elterlichen Gefühlen", antwortete der Wasserrattus. „Ich bin kein Familienmann. Ich war nie verheiratet und beabsichtige es auch nicht. Liebe ist schön und gut, aber Freundschaft ist mehr wert. Ich kenne wirklich nichts in der Welt, was nobler und seltener ist als eine ergebene Freundschaft."

„Und worin, sage mir, liegen die Bedeutung und Pflichten einer treuen Freundschaft?", fragte ein grüner Fink, der in der Nähe auf einer Trauerweide saß und dem Gespräch gelauscht hatte.

„Ja, das möchte ich auch wissen", sagte die Ente und schwamm zum anderen Ende des Teiches zu ihren Kindern, um ihnen erneut den Kopfstand zu zeigen.

„Was für eine dumme Frage", rief der Wasserrattus, „ich erwarte, dass mein ergebener Freund zu mir vor allem treu ist."

„Und was wirst du ihm geben?", fragte der kleine Vogel, schaukelnd auf einem silbernen Ast, seine winzigen Flügel schlagend.

„Ich verstehe dich nicht", antwortete der Wasserrattus.

„Lass mich eine Geschichte zu diesem Thema erzählen", sagte der Fink.

„Handelt die Geschichte von mir", fragte der Wasserrattus. „Wenn ja, dann werde ich zuhören, denn ich interessiere mich brennend für interessante Geschichten."

„Sie ist auch auf dich zutreffend", antwortete der Fink, flog herunter, ließ sich am Ufer nieder und erzählte die Geschichte vom ergebenen Freund.

„Es war einmal", begann der Fink, „ein ehrlicher kleiner Bursche, der hieß Hans."

„War er außergewöhnlich?", fragte der Wasserrattus.

„Nein", antwortete der Fink. „Ich glaube, er war überhaupt nichts Besonderes, aber er hatte ein gutes Herz und ein lustiges rundes humorvolles Gesicht. Er lebte allein in einem winzigen Häuschen und arbeitete jeden Tag in seinem Garten. In der ganzen ländlichen Umgebung gab es keinen schöneren Garten als den seinen. Klosternelken wuchsen dort, Goldlack, Hirtentäschel und Sonnenblumen aus Frankreich. Es wuchsen dort rote und gelbe Rosen, lila Krokus, goldene, purpurne Veilchen und weiße Akelei, Majoran und wildes Basilikum, Schlüsselblumen, Schwertlilien, Narzissen, und die rosa Nelke blühte und alle blühten zu ihrer Zeit, so dass jeden Monat eine Blume der anderen Platz gab. So gab es immer etwas anzuschauen, und alles war erfüllt von einem herrlichen Duft.

Der kleine Hans hatte viele Freunde, aber der liebste war ihm Hugo, der große Müller. Die tiefe Zuneigung des reichen Müllers für Klein-Hans zeigte sich darin, dass er nie an seinem Garten vorbeiging, ohne über die Mauer zu lehnen und einen großen Blumenstrauß zu pflücken, oder eine Handvoll herrlicher Kräuter zu zupfen oder seine Taschen mit Pflaumen und Kirschen zu füllen, je nach Erntezeit.

‚Echte Freunde sollten alles gemeinsam haben', sagte der Müller stets; der kleine Hans nickte, lächelte und war stolz, einen Freund mit solch edlen Gedanken zu haben.

Manchmal dachten die Nachbarn, wie seltsam es sei, dass der reiche Müller dem kleinen Hans niemals etwas schenkte, obwohl er hunderte von Mehlsäcken in seiner Mühle lagerte, sechs Milchkühe und eine große Herde wollener Schafe besaß. Jedoch Hans bekümmerte es nicht, er empfand das größte Vergnügen, den Worten des Müllers über Uneigennützigkeit der treuen Freundschaft zu lauschen.

So arbeitete Klein-Hans in seinem Garten. Während des Frühlings, des Sommers und des Herbstes war er sehr glücklich, aber als der Winter kam und er keine Früchte und Blumen mehr hatte, die er zum Markt bringen konnte, litt er unter Kälte und Hunger, und oft musste er mit knurrendem Magen schlafen gehen. Er hatte nur noch getrocknete Birnen und einige harte Nüsse.

Im Winter fühlte er sich auch sehr einsam, denn der Müller kam ihn nie besuchen.

‚Es gibt keinen Grund, den kleinen Hans zu besuchen, solange Schnee liegt‘, sagte der Müller zu seiner Frau, ‚denn wenn Leute in Not sind, sollten sie allein sein und nicht noch von Besuchern belästigt werden. Das ist mein Verständnis von Freundschaft, und ich glaube, das stimmt. So werde ich bis zum Frühling warten, dann werde ich ihn besuchen und dann kann er mir einen großen Korb voller Schlüsselblumen schenken, das wird ihn glücklich machen.‘

‚Du bist sehr rücksichtsvoll‘, antwortete die Frau, die in einem bequemen Armsessel neben dem Kaminfeuer saß, ‚wirklich sehr besorgt. Es ist eine Wohltat, dich von Freundschaft reden zu hören. Ich denke selbst der Pastor könnte niemals so wunderbare Worte über Freundschaft sagen wie du, obwohl er in einem dreistöckigen Haus wohnt und einen goldenen Ring am kleinen Finger trägt.‘

‚Aber können wir nicht Klein-Hans fragen, ob er uns besuchen möchte?‘, fragte der jüngste Sohn des Müllers. ‚Wenn der arme Hans Schwierigkeiten hat, würde ich meinen Haferbrei mit ihm teilen und ihm meine weißen Kaninchen zeigen.‘

‚Was bist du für ein dummer Junge!‘, rief der Müller, ‚ich weiß wirklich nicht, weshalb man dich in die Schule schickt. Du scheinst nichts zu lernen. Ich sage dir warum. Wenn der kleine Hans käme und unser warmes Feuer sähe, unser gutes Essen und unser großes Fass mit rotem Wein, könnte er neidisch werden, und Neid ist das Schrecklichste, denn es verdirbt jedem den Charakter. Ich werde nicht erlauben, dass sein Wesen verdorben wird. Ich bin sein bester Freund und werde ihn immer beschützen, damit er nicht in irgendeine Versuchung gerät. Nebenbei gesagt, wenn Hans hierher käme, könnte er nach etwas Mehl auf Kredit fragen, und das könnte ich nicht machen. Mehl ist eine Sache und Freundschaft

eine andere, und das sollte nicht vermischt werden. Warum Worte unterschiedlich buchstabiert werden und verschiedene Bedeutungen haben, kann jeder verstehen.'

,Wie weise du sprichst', sagte die Frau des Müllers, während sie sich selbst ein warmes Getränk einschenkte, ,ich fühle mich sehr schläfrig. Es ist wie in der Kirche.'

,Viele Leute handeln richtig', antwortete der Müller, ,doch nur wenige reden richtig, was zeigt, dass Reden eine Sache von zweien ist, also die wertvollere', und er schaute streng über den Tisch seinen kleinen Sohn an, der sich beschämt fühlte, den Kopf hängen ließ, ganz rot wurde und Tränen in den Tee fallen ließ. Er war jedoch noch so jung, so dass man sein Verhalten entschuldigen muss."

„Ist das das Ende der Geschichte", fragte der Wasserrattus.

„Sicher nicht", antwortete der Fink, „das ist der Anfang."

„Dann bist du altmodisch", antwortete der Wasserrattus. „Jeder gute Geschichtenerzähler beginnt heute mit dem Ende, kehrt dann zurück zum Anfang und endet mit der Mitte. Das ist die neue Methode. Ich hörte es letzter Tage von einem Kritiker, der mit einem jungen Mann um den Teich spazierte. Er sprach darüber ausführlich, und ich bin sicher, er hatte Recht, da er eine blaue Brille trug und eine Glatze hatte. Immer wenn der junge Mann eine Bemerkung machte, antwortete er ,Pooh!' Aber bitte, erzähle deine Geschichte weiter. Ich mag

den Müller sehr gern. Ich bin selbst sehr gefühlvoll, so dass ich große Sympathien für ihn empfinde."

„Nun", sagte der Fink von einem Bein auf das andere hüpfend, „als der Winter beendet war und die Schlüsselblumen ihre hellen Sterne öffneten, erzählte der Müller seiner Frau, dass er den kleinen Hans besuchen wolle.

‚Ah, was für ein gutes Herz du hast', rief die Frau, ‚du denkst immer an andere. Und vergiss nicht, den großen Korb für die Blumen mitzunehmen!'

So band der Müller die Windmühlenflügel mit einer starken Eisenkette fest und ging den Weg mit dem Korb unter dem Arm entlang.

‚Guten Morgen, kleiner Hans', sagte der Müller.

‚Guten Morgen', sagte Hans, wobei er auf seinem Spaten lehnte und übers ganze Gesicht lächelte.

‚Wie ging es dir während des Winters?', fragte der Müller. ‚Nun wirklich', rief Hans, ‚es ist sehr freundlich, dass du fragst, wirklich sehr nett. Doch es tut mir Leid, ich hatte eine schwere Zeit, nun kommt der Frühling bald, und ich bin glücklich, dass meine Blumen wieder gut gedeihen.'

‚Wir haben im Winter oft über dich gesprochen', sagte der Müller, ‚und häufig überlegt, wie es dir wohl gehen mag.'

‚Das ist sehr nett', sagte Hans, ‚ich fürchtete schon, du hättest mich vergessen.'

,Hans, das verwundert mich doch sehr', sagte der Müller, ,Freundschaft vergisst man niemals. Das ist das Wunderbare daran, aber ich glaube, du verstehst nichts von den Geheimnissen des Lebens. Nebenbei, wie herrlich deine Schlüsselblumen ausschauen!'

,Sie sind wirklich herrlich', sagte Hans, ,und ich freue mich, dass ich so viele habe. Ich bringe sie zum Markt und werde sie der Tochter des Bürgermeisters verkaufen. Von dem Geld werde ich mir meine Schubkarre zurückkaufen.'

,Die Schubkarre zurückkaufen? Du willst doch nicht sagen, dass du sie verkauft hast? Was für eine Dummheit!'

,Leider hatte ich keine Wahl. Der Winter, wie du siehst, ist eine sehr schwere Zeit für mich, dann habe ich wirklich überhaupt kein Geld, um Brot zu kaufen. So verkaufte ich zuerst die Silberknöpfe meines Sonntagsmantels, dann verkaufte ich meine Silberkette, dann meine große Pfeife und zum Schluss die Schubkarre. Aber jetzt kann ich alles zurückkaufen.'

,Hans', sagte der Müller, ,ich werde dir meine Schubkarre schenken. Sie ist nicht in einem sehr guten Zustand, eine Seite ist herausgebrochen, die Speichen sind nicht in Ordnung, aber trotz allem werde ich sie dir geben. Ich weiß, dass ist sehr großzügig von mir und viele Menschen werden denken, es ist dumm sie zu verschenken, aber ich bin nicht so wie

die meisten Menschen der Welt. Ich denke, dass Großzügigkeit die Basis einer Freundschaft ist und nebenbei,
ich habe eine neue Schubkarre gekauft. Ja, du kannst darüber
nachdenken. Ich möchte dir gerne meine Schubkarre
schenken.'

,Nun, das ist wirklich sehr großzügig von dir', sagte der
kleine Hans, und sein lustiges rundes Gesicht strahlte vor
Vergnügen. ,Ich kann sie leicht selbst reparieren, ich habe
genügend Holz im Schuppen.'

,Holzbretter', sagte der Müller, ,das ist genau, was ich
für das Dach meiner Scheune benötige. Dort ist ein großes
Loch und das Korn wird feucht, wenn ich es nicht schließe.
Wie gut, dass du es erwähnst! Es ist immer wieder erstaun-
lich, wie eine gute Tat eine andere nach sich zieht. Ich werde
dir meine Schubkarre geben, und du wirst mir nun deine
Bretter geben. Natürlich ist die Schubkarre wertvoller als
die Bretter, aber treue Freundschaft rechnet nicht auf. Gib
sie mir gleich und ich kann noch heute mit der Arbeit
beginnen.'

,Sicher', rief der Klein-Hans, rannte in den Schuppen und
trug die Hölzer heraus. ,Es sind nicht sehr große Hölzer',
sagte der Müller, als er sie anschaute, ,und ich fürchte, nachdem
ich mein Scheunendach repariert habe, werden keine für die
Schubkarre übrig bleiben, aber das ist nicht meine Schuld.

Und nun, wo ich dir meine Schubkarre geschenkt habe, wirst du mir sicherlich einige Blumen als Dank pflücken. Hier ist mein Korb und fülle ihn bitte bis oben hin.'

,Ganz bis oben hin?', fragte der kleine Hans sorgenvoll, da es ein sehr großer Korb war. Er wusste, wenn er den gefüllt hat, bliebe keine Blume für den Markt übrig, und es betrübte ihn, seine Silberknöpfe nicht wiederzubekommen.

,Nun ja', antwortete der Müller, ,da ich dir meine Schubkarre geschenkt habe, ist es bestimmt nicht unhöflich, nach ein paar Blumen zu fragen. Es mag falsch sein, aber ich glaube, dass Freundschaft, wahre Freundschaft frei von Eigennutz jeder Art ist.'

,Mein lieber Freund, mein liebster Freund', rief Klein-Hans, ,du kannst alle Blumen in meinem Garten bekommen. Deine gute Meinung ist mir mehr wert als meine Silberknöpfe', und er rannte, pflückte eifrig all die hübschen Schlüsselblumen und füllte des Müllers Korb.

,Tschüs, kleiner Hans', sagte der Müller und er ging den Hügel hinauf mit dem Holz auf der Schulter und dem großen Korb in der Hand.

,Tschüs', sagte Klein-Hans, und er grub weiter und freute sich schon auf die Schubkarre.

Am nächsten Tag befestigte er gerade den Jelängerjelieber am Eingang, als er das Rufen des Müllers schon von der

Straße her vernahm. Er stieg von seiner Leiter, rannte durch den Garten und schaute über die Mauer.

Da stand der Müller mit einem großen Sack Mehl auf der Schulter. ‚Lieber Hans‘, sagte der Müller, ‚würdest du so freundlich sein und diesen Sack Mehl für mich zum Markt tragen?‘

‚Oh, das tut mir Leid‘, sagte Hans, ‚aber heute bin ich sehr beschäftigt. Ich muss alle meine Kletterpflanzen befestigen, meine Blumen gießen und meinen Rasen walzen.‘

‚Na gut‘, sagte der Müller, ‚wenn ich bedenke, dass ich dir meine Schubkarre schenken will, ist es sehr unhöflich, meine Bitte zu verneinen.‘

‚Oh, sag das nicht!‘, schrie der kleine Hans, ‚ich möchte niemals unhöflich sein‘, rannte ins Haus, holte seinen Hut und zog davon mit dem schweren Sack auf seinen Schultern.

Es war ein sehr heißer Tag und die Straße sehr staubig. Bevor er den Sechsmeilen-Stein erreicht hatte, war er sehr erschöpft und machte Rast. Jedoch plagte ihn sein Gewissen, brav ging er weiter und erreichte schließlich den Markt. Nachdem er dort einige Zeit gewartet hatte, verkaufte er den Sack Mehl zu einem guten Preis. Da er fürchtete, auf dem Heimweg Räubern zu begegnen, trat er den Heimweg nicht allzu spät an.

‚Es war ein anstrengender Tag', sagte Klein-Hans, als er sich schlafen legte, ,aber ich bin froh, dass ich dem Müller nicht meine Hilfe verweigert habe, denn er ist mein bester Freund, und nebenbei, er will mir seine Schubkarre schenken.'

Früh am nächsten Morgen kam der Müller, um das Geld für den Sack Mehl abzuholen, doch der kleine Hans war noch müde und lag im Bett.

‚Ein ehrliches Wort', sagte der Müller, ,du bist sehr träge. Wenn ich bedenke, dass ich dir meine Schubkarre schenken möchte, solltest du härter arbeiten. Muße ist eine große Sünde, und ich möchte, dass keiner meiner Freunde untätig oder faul ist. Du musst mich entschuldigen, wenn ich so offen spreche. Natürlich würde es mir nicht einfallen, wenn ich nicht dein Freund wäre. Aber wahre Freundschaft ist, wenn man sagen kann, was man denkt. Jeder kann nette Worte sagen und versuchen zu gefallen und zu schmeicheln, aber ein echter Freund sagt immer unangenehme Dinge und nimmt keine Rücksicht darauf, auch Schmerzen zu bereiten. Wenn er ein wirklich guter Freund ist, ist er nicht böse, da er weiß, dass es nur gut gemeint ist.'

‚Tut mir Leid', sagte Klein-Hans, seine Augen reibend und seine Schlafmütze abnehmend, ,aber ich war so müde, dass ich etwas länger im Bett verweilen wollte, um dem Gesang der Vögel zuzuhören. Weißt du, ich arbeite immer besser,

wenn ich schon den lieblichen Vogelgesang gehört habe.'

,Das freut mich', sagte der Müller, Klein-Hans auf den Rücken klopfend, ,ich möchte, dass du dich so schnell wie möglich anziehst und zur Mühle kommst, um mein Scheunendach für mich zu reparieren.'

Der kleine Hans wollte lieber in seinem Garten arbeiten, da seine Blumen schon zwei Tage nicht gegossen worden waren. Doch er wollte den Müller nicht kränken, da er ja ein so guter Freund war.

,Hieltest du es für unfreundlich, wenn ich dir sage, dass ich beschäftigt bin?', erkundigte er sich in schüchterner, ängstlicher Stimme.

,Aber ich bitte dich', antwortete der Müller, ,darüber gibt es wohl keine Worte zu verlieren, wenn ich bedenke, dass ich dir die Schubkarre schenken will, aber wenn du nicht möchtest, gehe ich und mache es selber.'

,Oh, auf keinen Fall', rief der kleine Hans, und er sprang aus seinem Bett, zog sich an und ging mit zur Scheune.

Er arbeitete dort den ganzen Tag bis zum Sonnenuntergang, dann kam der Müller um nachzuschauen, wie weit er sei.

,Hast du das Loch im Dach schon geschlossen, kleiner Hans?', rief der Müller in heiterer Stimme.

,Es ist bald ausgebessert', antwortete Klein-Hans, als er von der Leiter kletterte.

‚Ah‘, sagte der Müller, ‚es gibt nichts ehrenvolleres als die Arbeit für andere zu tun.‘

‚Es ist sicher eine große Ehre, dich reden zu hören‘, antwortete Klein-Hans, setzte sich und wischte seine Stirn, ‚eine große Ehre. Ich fürchte, ich werde nie so gute Gedanken wie du haben.‘

‚Oh, sie werden kommen‘, sagte der Müller, ‚aber du musst dir mehr Mühe geben. Im Moment kennst du nur die Praxis der Freundschaft; eines Tages wirst du auch die Theorie beherrschen.‘

‚Glaubst du wirklich‘, fragte Klein-Hans.

‚Ich habe keine Zweifel‘, antwortete der Müller, ‚aber da du jetzt das Dach repariert hast, gehe heim und ruhe dich aus, dann kannst du morgen meine Schafe auf den Berg bringen.‘

Der arme kleine Hans war zu erschrocken, um darauf etwas zu antworten. Am nächsten Morgen brachte der Müller die Schafe und Hans lief mit ihnen zum Berg. Es dauerte den ganzen Tag, und als er zurückkam war er so erschöpft, dass er sofort auf seinem Stuhl einschlief und erst mit dem hellen Tageslicht erwachte. ‚Was für eine schöne Zeit werde ich in meinem Garten haben‘, dachte er und ging arbeiten.

Aber er konnte nie seine Blumen pflegen, da sein Freund, der Müller, immer wieder kam und ihn auf lange Botengänge schickte oder ihn zur Hilfe in die Mühle holte. Klein-Hans

war traurig, denn er fürchtete, seine Blumen nähmen an, er habe sie vergessen, aber er tröstete sich damit, dass der Müller sein bester Freund sei. ‚Er schenkt mir seine Schubkarre, und das ist eine Großzügigkeit.‘

So arbeitete Klein-Hans für den Müller, der alle schönen Dinge einer Freundschaft erzählte, und Hans schrieb sie begierig in sein Notizbuch und las sie des Nachts, da er ein gelehriger Schüler war.

Eines Abends, als Hans an seinem Kamin saß, klopfte es laut an seiner Tür. Es war eine sehr unruhige Nacht, der Wind blies heftig und toste um das Haus. Zunächst vermutete er, es sei glücklicherweise nur der Sturm, doch dann klopfte es ein zweites Mal, dann ein drittes, im lauter werdend.

‚Es ist sicher ein armer Reisender‘, dachte Hans und ging zur Tür.

Dort stand der Müller mit einer Laterne in der einen und einem großen Stock in der anderen Hand. ‚Lieber kleiner Hans‘, rief der Müller, ‚ich bin in Schwierigkeiten. Mein kleiner Junge ist von der Leiter gefallen und hat sich verletzt, und ich benötige dringend einen Arzt. Doch der wohnt so weit entfernt, und die Nacht ist so kalt und dunkel, dass es mir in den Sinn kam, dich zu schicken.

Du weißt, ich schenke dir meine Schubkarre, und so ist es nur recht, wenn du mir dafür einen Gefallen erweist.‘

‚Gewiss‘, rief Klein-Hans, ‚ich empfinde es als besondere Auszeichnung, dass du mich auserwählt hast und werde sofort gehen. Aber du musst mir deine Laterne borgen, da die Nacht so dunkel ist und ich fürchte, in einen Graben zu fallen.‘

‚Tut mir Leid‘, antwortete der Müller, ‚aber es ist meine neue Laterne, und ich wäre traurig, wenn man sie beschädigt.‘

‚Egal, dann gehe ich eben ohne‘, rief Klein-Hans. Er nahm seinen Mantel, seine Mütze, band ein Halstuch um und ging.

Was für ein fürchterlicher Sturm! Die Nacht war so schwarz, dass Hans kaum sehen konnte, und der Wind war so stark, dass Hans kaum stehen konnte. Jedoch war er sehr mutig, und nachdem er mehr als drei Stunden gelaufen war, erreichte er des Doktors Haus und klopfte an die Tür.

‚Wer ist dort?‘, rief der Arzt, den Kopf aus dem Schlafzimmerfenster reckend.

‚Klein-Hans, Doktor.‘

‚Was willst du, Klein-Hans?‘

‚Der Sohn des Müllers ist von der Leiter gefallen, hat sich verletzt und der Müller bittet, sofort zu kommen.‘

‚Na gut‘, sagte der Doktor und bestellte seine Pferde, seine großen Stiefel und seine Laterne; dann kam er die Treppe herunter und ritt in Richtung des Müllers Haus davon, während Klein-Hans hinter ihm hertrottete. Der Sturm

wurde immer heftiger, es regnete in Strömen und Klein-Hans konnte weder sehen, wo er ging, noch konnte er dem Trab der Pferde folgen. Schließlich kam er vom Weg ab, verirrte sich ins Moor, einem gefährlichen Ort durch seine vielen tiefen Löcher, und dort ertrank der arme Klein-Hans. Sein Leichnam wurde am nächsten Tag in einem Wassertümpel schwimmend von einem Ziegenhirten entdeckt und zu seinem Häuschen zurückgebracht.

Alle Leute gingen zur Beerdigung des kleinen Hans, denn er war sehr beliebt, und der Müller trauerte am meisten.

‚Da ich sein bester Freund war‘, sagte der Müller, ‚ist es nur gerecht, dass ich den besten Platz bekomme.‘ So ging er an der Spitze des Trauerzuges in einem langen schwarzen Mantel und immer wieder wischte er seine Augen mit einem großen Taschentuch.

‚Klein-Hans ist sicher ein großer Verlust für jedermann‘, sagte der Schmied, als die Beerdigung beendet war und sie alle bequem in der Gaststätte saßen, Wein tranken und süße Kekse aßen. ‚Ein besonders schwerer Verlust für mich‘, antwortete der Müller. ‚Warum? Ich hatte ihm meine Schubkarre so gut wie geschenkt und nun weiß ich nicht, was ich damit soll. Ich weiß wirklich nicht, was ich damit soll. Sie stört mich zu Hause, und sie muss repariert werden, so dass ich nichts dafür bekäme, wenn ich sie verkaufte. Ich werde in Zukunft

nichts mehr verschenken. Man leidet nur, wenn man so großzügig ist.‘"

„Nun?", fragte der Wasserrattus nach einer langen Pause.

„Nun, das ist das Ende", sagte der Fink.

„Aber was wurde aus dem Müller", fragte der Wasserrattus.

„Oh, das weiß ich nicht", antwortete der Fink, „und ich glaube, es interessiert mich auch nicht."

„Es ist sichtbar, dass du kein Mitgefühl hast", sagte der Wasserrattus.

„Ich befürchte, du verstehst die Moral der Geschichte nicht!", bemerkte der Fink.

„Was!", schrie der Wasserrattus, „die Moral? Willst du sagen, dass diese Geschichte eine Moral hat?"

„Sicher", sagte der Fink.

„Wie ärgerlich", sagte der Wasserrattus wütend. „Du hättest es mir sagen sollen, bevor du mit dem Erzählen begonnen hast. Wenn du mir das vorher gesagt hättest, hätte ich dir sicherlich nicht zugehört. Ich hätte ‚Pooh‘ gesagt wie der Kritiker. Aber das kann ich jetzt auch noch sagen", und er rief in schriller Stimme ‚Pooh‘, schwang seinen Schwanz und verschwand in seiner Höhle.

„Und wie findest du den Wasserrattus", fragte die Ente, die einige Minuten später heranpaddelte. „Er hat viele gute Eigenschaften, doch ich habe nun einmal Muttergefühle und

kann keinen eingefleischten Junggesellen anschauen, ohne dass mir Tränen in die Augen treten."

„Tut mir Leid, dass ich ihn verärgert habe", antwortete der Fink. „Das liegt daran, dass ich ihm eine Geschichte mit einer Moral erzählte.

„Ah, das ist immer eine sehr gefährliche Sache", sagte die Ente.

Und da gebe ich ihr vollkommen Recht.

OSCAR WILDE im ELATUS VERLAG
illustriert von Yann Wehrling

Der Glückliche Prinz

Der zur Statue gegossene Prinz betrachtet sein sorgenloses Leben und stellt fest, dass das wahre Glück im Geben liegt.

37 Seiten mit 15 farbigen Illustrationen · ISBN 3-931985-10-5

Eine englischspachige Ausgabe dieses Buches ist erschienen unter dem Titel

The Happy Prince
ISBN 3-931985-33-4

OSCAR WILDE im ELATVS VERLAG
illustriert von Yann Wehrling

Die Nachtigall und die Rose

Eine tragische Liebesgeschichte, in der die Nachtigall ihr Leben opfert,
um einem jungen Studenten zum Liebesglück zu verhelfen.

27 Seiten mit 11 farbigen Illustrationen · ISBN 3-931985-09-1

Eine englischspachige Ausgabe dieses Buches ist erschienen unter
dem Titel

The Nightingale and the Rose
ISBN 3-931985-34-2

OSCAR WILDE im ELATUS VERLAG
illustriert von Yann Wehrling

Der eigensüchtige Riese

Ein herzloser Riese wandelt sich angesichts des Glücks spielender Kinder
zu einem Wohltäter und findet seine Erfüllung.

21 Seiten mit 8 farbigen Illustrationen · ISBN 3-931985-08-3

Eine englischspachige Ausgabe dieses Buches ist erschienen unter
dem Titel

The Selfish Giant
ISBN 3-931985-31-8